Últimos poemas... y otros

Últimos poemas... y otros

Rafael Conejo
Sánchez - Pascuala

Últimos poemas... y otros
Rafael Conejo Sánchez - Pascuala

Diseño de la cubierta:
    Equipo de diseño de Universo de Letras
Imagen de cubierta:
    En el techo del mundo. Autor: Antonio Román

Obra publicada por el sello Universo de Letras
universodeletras.com

Primera edición: 2024

ISBN: 9788410460225
ISBN eBook: 9788410461710

Cuando morir es ir donde no hay nadie,
nadie, nadie; caer, no llegar nunca,
nunca, nunca; morir y no poder
hablar, gritar, hacer la gran pregunta"

Blas de Otero

ÚLTIMOS
POEMAS...Y OTROS

I

El caracol y la hormiga

¡Cuánto pesa la vida!
-solloza el caracol
lamiendo las hierbillas
tiernas de mediodía.
-Pena, pena, la mía...
Trabajar, trabajar...
¿sabes?, y *to pa na* ...
Rastrera vida,
baboso mío
-se lamenta la hormiga
arrastrando una pipa.

II

Señor, por Dios...

Señor, por Dios, te ruego a mal no tomes
si de tu Obra disiento.
Si creados libres para pecar
lo seremos igual para juzgar.
La osadía a Ti
¿es pecado venial o capital?
En su día lo sabrás, descarado
-responde la conciencia.

Obnubilado de teología
desciendo a la prosa castellana
del Libro de la Vida
que no escribió la Santa andariega.
Deambulo dando tumbos sin sentido
como la vida misma
a la luz de un candil de arqueólogos
buscando lo racional de la vida.
Deja de atormentarte, buen hombre.
En vano rastreas en el desierto
-me susurra el otro "yo".

Señor Jesús, mayor tristeza no hay,
dejado atrás el recodo último
de este trayecto absurdo,
que aguardar sentado en el ataúd
atado a la espalda desde la cuna.
¡Qué Herencia, Señor, qué Herencia dejaste,
con menos certezas que interrogantes!

III

Los árboles...

Los árboles
del jardín
son todos
llorones,
porque
la cotorra
ha dicho
que los pájaros
no volverán
si no lo hacen
también
los niños.

IV

Por azar...

Por azar
      se nace.
Se crece
      como se puede.
Se envejece
      malamente.
Y
   por decreto
se muere.

¡Qué esperpento, Señor, qué esperpento!
¿Quién te escribió el libreto?

V

El hombre deja reposar

El hombre deja reposar el libro
en la mesa cercana.
Sin buscarla, dirige la mirada
ausente a la ventana,
con los cristales llorando.
El velo negro promete una noche
gélida con las farolas bailando
al son de panderetas.
El hombre repasa la librería
recorriendo todos los anaqueles.
¿Piensa? "Yo me iré y os quedaréis solos.
Me iré no sé dónde (sólo Él lo sabe)
al encuentro de Alonso Quijano".
Retiene ahora la mirada en el estante
que preside la foto en blanco y negro
del día de la boda.
Emocionado, se quita las gafas
de lectura, quedando abstraído
en sueños de ilusión y pasión.

Sueños que interrumpe inoportuno
el campaneo del viejo reloj.
Con una mano acaricia al minino,
y con la otra apaga la luz del año
que ya está demás en su calendario.

VI

Noche fresca

Noche fresca de otoño.
La luna en menguante.
Más que pasear, ando
sorteando obstáculos
para no tropezarme
en la oscuridad.
Sale a mi encuentro
un hombre ataviado
con capa castellana
y chuzo de defensa.
Dice ser el sereno
de los que aquí residen.
Durante un buen rato
de lo divino y humano
vamos filosofando:
- La muerte nos iguala.
-dice batiendo el chuzo-
Vea usted, muchos de éstos
se creyeron ser alguien
por cuna o posición.

-Sí, pero llega tarde.
-¿Quién, la muerte?
-No, la igualdad.
-Pues tiene usted razón.
Una rata olisquea
un ramo de violetas.
-Pronto aclarará.
No olvide lo dicho.
Vuelva ya a su nicho,
es el contiguo al mío.

Me desperté gritando
¡Luz, más luz! -tal Goethe

VII

Alegría

Con gracia juguetona
en corro las mocitas se preguntan
divertidas la llave dónde está
una vez y otra más.
Abuelo, tú que más sabes, ¿tal vez
en el fondo del mar?
¡Ay, mariposas vírgenes! Yo tuve
una llave extraviada un mal día
en la mar o en la vida, qué más da.
Puertas todas abría.
¿Qué llave era esa, abuelito?
Recuerdo bien su nombre : ¡Alegría!

Alegría, alegría...
Dime en qué te ofendí
para huir mientras dormía.
Nada hice por buscarte;
ahora ya, sólo queda aguardar
esperando la Suprema Verdad.

VIII

El tren inicia

El tren inicia su andadura
mansamente. Atardece.
El sol se esconde a hurtadillas
entre nubes amenazantes
sobre la cresta del Naranco.
El viajero, de pie, se apoya
en la ventanilla bajada
y con la mano temblorosa
se despide de la familia
o de algún amigo.
En el andén sólo el reloj
era testigo de la marcha.
Reflejo emocionado
que repite en sus viajes últimos
y que sólo él comprende
viendo al sol enlutarse.
En un viraje, la silueta
de la ciudad se pierde. Cierra
la ventanilla y se sienta,

cogiendo antes del maletín
un libro de poesía,
de título "Últimos poemas".

IX

Feliz Navidad...

Feliz Navidad... señores.

    —Madre, ¿qué es "feliz"?

    —Lo que se dice una vez
      todos los años.

    —Y Navidad, ¿qué es?

    —El nacimiento de un Niño
      tan pobre como tú.

    —Entonces ¿yo soy feliz?

    —Sí, hijo, sí.

    —Madre, tengo hambre.

    —Piensa, hijo, en que eres feliz.

X

Sin pecado

... Sin pecado concebida.
Confiesa, hijo, tus pecados.
Dios te ama y es benévolo
si de pecar te arrepientes.
-No he pecado, padre.
- ¿Entonces?
-Los Diez Mandamientos nada dicen de...
-Abre tu alma a Dios. Habla.
-Me culpo de no impedir
que un hermano avaro
y envidioso matase a su hermano
generoso y de puro corazón.
-¡Dios mío, qué horror de crimen!
¿Cuándo sucedió? ¿Ayer? ¿Hoy?

-Oh no, padre, hace mucho, mucho tiempo.
El tiempo entonces no se contaba;
y desde ése acto criminal
la Tierra está bañada en sangre
y sufrimiento.

-Hijo mío, de existir hoy Freud
tu sueño interpretaría,
y también el mío de la otra noche
que me tiene sin dormir
por preguntarle a Dios:
Señor; ¿para qué nacer
y para qué morir?

XI

El olivo

Reciba vuestra merced,
traído de tierras lejanas
a envés de rucio gigante,
la llave y pergamino
de la Capital del Reino
de la España moderna.
A su edad, qué descanso
mejor que los Jardines
del Buen Retiro.
Los papiros del medievo
dicen que vuestra merced
vino al mundo al sol
del terruño olivarero
del pueblo de Carabaña
el año de gracia 1396
de nuestro Señor Jesús.
Perdone vuestra merced
no haberle preguntado antes
su filiación familiar
de cristianos viejos o judíos conversos

(no sé si aconsejarle
mejor que guarde silencio).
Mas no cabe duda alguna,
vuestra merced es estirpe
de oro verde que riega
los pucheros de España.
Se escribe en La Gaceta que vuestra merced
y el señor Corregidor
ajustaron con palabra de castellanos
coger hato y carreta y tomar aposento
en la Excelentísima Villa de Madrid,
por una bolsa bien surtida de monedas.
La Gaceta, por discreta
o del tipógrafo error,
silencia peso y valor.
Mas a las lenguas del pueblo
aprisa llega el rumor.
En las tabernas castizas,
entre vinos y sangrías,
los parroquianos porfían:
Unos que maravedíes.
Otros, que ducados son.
Y un tercero de galones, firma y rúbrica
rimando con tesoro

que son doblas de oro.

¡Príncipe de La Mancha!
¡Tatarabuelo de Don Quijote!
¡Duende de la *madrugá*!
Silba la flauta mágica
cánticos de ruiseñores
porque vuelvan los gorriones.
¡Dios guarde a vuestra merced!
Vale.

XII

El hombre, se refugia

El hombre, se refugia en la memoria
y sabedor del mañana bucea
en aguas de tan larga travesía.
¿Hombre? ¿Qué hombre? ¿De cuándo?
No sabe responderse.
La Trinidad cristiana son Tres en Uno.
El hombre, sonríe con ironía
su ocurrencia de si él será uno en tres.
Ya sin ironía y con certeza,
en la edad longeva se pregunta
¿cuántos "yo" hemos sido
desde edad de adultos?
¡Dios mío!, anúnciame con destellos
si yo soy el que soy,
el que un día fui
o el que ya no seré.

XIII

Horrorizado

Horrorizado
por lo que ve y oye
a través de la tele,
alza la vista al Cielo
y exclama sollozando:
¡Ay Señor, qué vida ésta
de infortunios y llantos.
Esperanza es sólo
nombre de mujer!
Sosegado, razona:
Qué es la vida sino
enfermedad silente
que sana únicamente
por causa inminente.

XIV

Ignoraban...

Ignoraban qué es la felicidad
y sus antónimos
(suponiendo que lo primero exista).
De nada carecían.
Vivían como Dios.
Simplemente gozaban de la vida
y de sexo abundante
(procrear, les dijeron).
Hasta que la serpiente lo jodió;
y desde entonces jodidos seguimos
al estar dominada nuestra vida
por la permanente insatisfacción.

XV

El hombre...

El hombre unamuniano,
apoyado en el pretil
del viejo puente del río,
dibuja breve sonrisa
viendo jugar dos gorriones
sobre una rama caída
que se desliza pausada
por las aguas de montaña.
Sólo el canto estridente
de la urraca
rompe la calma buscada
por el alma atribulada
en su peregrinar
por la historia del hombre,
dominada por la bestia.
Una sucesión convulsa
de accidentes y errores
alimentados
por la ansiedad de poder.

XVI

La *madrugá*

¡Eh, despertad, despertad,
ya está aquí la *madrugá!*
-anuncian los querubines
con tambores y violines.

¡Ki ki ri kííí!, canta el gallo
despertando al vecindario.
¡Albricias! Las aves ríen
y brincan de alegría
piando bellas melodías
por nacer un nuevo día.
Y las flores dormilonas
se desperezan abriendo
sus pestañas agraciadas
al amado amanecer.

¡Qué tendrá la *madrugá*
en el hábitat rural
que te acuerdas de Dios
el día que la creó!

XVII

Sígueme

-Sígueme
-Sígueme
-Sígueme...
Hasta Doce.
Él los miró a los ojos.
Nihilistas y pasotas
no entendieron el mensaje.
No abandonaron las redes
y demás ocupaciones
como hizo Pedro y los Otros.
Apenado, mira al Cielo
diciendo:
"Padre, esto no pinta bien".
La sirena de una ambulancia
el sueño interrumpió.
Baldío esfuerzo el mío
por recuperar su Rostro
y el sueño.

Señor Jesús, para tarde dejaste
la Segunda Venida.
Fausto se entiende bien con Mefistófeles
para romper el pacto.

XVIII

El progreso

¡Oh el progreso!
Sentado en un poyo de casa
el tío Primitivo toma
el fresco y escucha las noticias
escéptico y resabiado.
¡Quia! Progreso, progreso...
Todo es progreso ahora.
-Sí, Primitivo, sí. La ciencia...
-¡Oh la ciencia. La ciencia
de don Avito Carrascal!
Ya sabe como terminó.
Ahí está el problema, don Próspero,
en la ciencia sin límite.
A usted y a mí, la muerte
nos liberará de sufrirla.
Llegará el día que habrá,
créaselo, granjas de niños.
Tome el porrón y eche un trago
por los últimos nietos.

XIX

Tomando aliento

Tomando aliento,
recostado en un viejo chopo
a la ribera del río,
distraigo el rato observando
en la pradera cercana
al perro pastor cumplir
con carácter su misión
de evitar la dispersión
de las ovejas.
Sentado a la sombra fresca
de un arbusto, el pastor
se dispone a almorzar,
tomando de la alforja
por orden la bota de vino,
la hogaza de pan y una cuerda
de longaniza.
Sé lo que piensas. Ya es tarde.
Hiciste oídos sordos
cuando te decía siéntate
y ve la vida pasar

de cuando en cuando
-me amonesta el "yo"
que de antaño se empeña
en querer aconsejarme.
¿Qué quieres que hiciese, dime?
La vida es mitad negocio,
otra mitad apariencia...
y no pocos desengaños.
Algo hemos hecho bien, ¿no?
Por escuela y trabajo
lejos queda ¡este país! de Larra
y de bostezo de don Antonio.
Almorzó. Sestea.
El Guadarrama baja alegre
agradecido por el deshielo
de las nevadas inesperadas.
Las piñas caídas por el viento
me hacen reflexionar:
¡Qué gran pueblo de ser una piña!

XX

Creced...

Creced y multiplicaos,
les ordenó Yahvé sin más.
Ellos, tímidos y sumisos,
hubiesen querido preguntarle:
¿Además de fornicar y yantar,
manda algo más?
Perdida la confianza de Dios,
y sin cuaderno de instrucciones,
se dedicaron a lo que sabían
sin pasar por la escuela.
Llegó el día (o la noche)
que el falo de Adán no daba abasto
a la fogosidad de Eva.
Lo ordinario no era ya placer.
El hombre, rendido bajo la sombra
del árbol de la vida
tuvo la inspiración de preguntarse
por el sentido de la vida.
No comprendía, viendo a los niños
zambullirse en el río, el porqué

de la Obra del Señor.
Puede que la respuesta acertada
la tuviese Sancho en sus refranes
pese a la creencia de don Quijote
de haber nacido para comer.

XXI

Todo tiene un fin

Todo tiene un fin
canta la mujer navarra
del pueblo llano.
Y así, la pluma desplumada
escribidora forzada
de poemas nacidos
de la mente atribulada
del que me lleva la mano
y que dice llamarse
Rafael Conejo,
pone por testigo al lector
de no ser cómplice más
de sus desvaríos y sátiras
a la Creación del Altísimo.
La lágrima que rebasó el vaso
es el verso que así decía:
"Desconfía del porvenir"
¡Oh no, no, señor Rafael!
No es un verso, es abulencia.
Aturdido por sus dislates

permítame aconsejarle
ponga a enfriar las ocurrencias
a la sombra de una higuera
y dé manga ancha a la vida.
La vida que, según Voltaire,
es una broma (pesada, añadía).

...Y OTROS "PAPIROS DEL ALMA"

I

La voz no procedía...

La voz no procedía de una zarza
en llama, ideograma de Yahvé
para llamar la atención de Moisés.
En esta ocasión
procedía del viento cabreado
que movía los molinos manchegos.

—¡Rafael! ¡Rafael!

—Bautizáronme así al ser la mía
familia toledana cumplidora
fiel de los mandamientos de la Santa
Madre Iglesia. A todo esto, ¿quién eres,
que mi nombre conoces?

—Yo soy el que soy.
—¿No me confundirás con el arcángel?

—El arcángel Rafael no compone
poemas cuestionando mi sublime

Obra terrenal como escribes tú.
Por arrogante.
Por atrevido.
Y por alguna otra cosilla más
serás juzgado por el Tribunal
Supremo que me honro presidir.

—¿Te arrepientes de esos versos pobres
que has divulgado haciéndome culpable
de las desgracias del hombre en la Tierra?

—Que son pobres como el que los escribe
no cabe duda. En cuanto a las desgracias...
¡Qué peor desgracia que tu silencio!

—¡Oh, Señor, Señor! Si no has muerto, habla.
¡Habla, por Dios!

El viento arreció su ira,
despertando al sueño.

II

Sueño en arte menor

—Buenos días, ¿dónde estoy?
—En la casa del Padre.
Todo bondad y amor.
Y yo soy su Portero.
—Entonces... ¿estoy muerto?
—La muerte aquí no existe.
Todo es paz y alegría.
Perdone, pero usted
aparenta aburrido
solo en la portería.
¿Dónde están los demás?
En medio de la nada
sólo estamos los dos.
Por cierto, ¿desde cuándo
está usted aquí?
—Preguntas más que un cura.
Sé paciente y espera.
Aquí el tiempo no existe
hasta que el Jefe quiera.
—Dígame, ¿dónde espero?

¿Puedo en la biblioteca?
—Muchacho, preguntón,
se viene aquí leído.
—Perdone, otra pregunta.
—Señor, ¡dame paciencia!
—¿Cómo se *mata* aquí el tiempo?

III

Anoche soñé que Dios...

Anoche soñé que Dios,
desde su apartamento celeste,
observaba la Tierra
asomado a una ventana.

Triste y aterrorizado
por lo que sus ojos veían,
con golpes de pecho confesaba:
«*Mea culpa, mea culpa*».

Y de penitencia se impuso
escribir cien mil veces con tiza
en pizarra de antes:
«Lo juro. No lo haré más».

Así sea.

V

Padre....

—Padre,
¿bajo otra vez a predicar?
—Déjalo. No escuchan.
Míralos, van como rebaño.
Mándales, mejor, un *wasap*.

VII
Resígnate

Resígnate:
No huyas de Ella como huía
de la peste el hombre ruso
del cuento de León Tolstoi.
Donde tú estés, Ella estará.
Es la sombra
oculta que, sin rechistar,
desde el útero materno
acompáñanos;
ignorantes nosotros cuándo
ni cómo, sin mediar palabra,
decide
en el hoyo hondo de la noche
dejarnos caer.

XIII

La oronda luna...

La oronda luna alumbra el jardín
de la casa serrana.
Aura y el sosiego de la noche
invitan a no retirarse a dormir.

Acompañado de la soledad,
retengo la mirada en el viejo
pozo de brocal y arco de piedra
y garrucha de época.

Yo me iré —pienso— y él seguirá ahí,
a la sombra de los sexagenarios
cedros, si el viento un día no los tumba,
cansados ellos también de aguantar.

Pozo —se dice— que hizo de guarida
en tiempos de odio y sangre entre hermanos
de leche nacional,
aunque algunos creyeran que la suya
era internacional.

¡Ay, España querida,
asombro del mundo,
que los océanos abrazaste
y del turco a Europa libraste
de ser descristianizada!
En los tiempos modernos
debió mirarte un tuerto
con parche en el izquierdo.

Regreso al presente y, mirando al cielo
estrellado, me pregunto ingenuo
si de ellas una es la entrada al paraíso
que Jesús prometió al compañero
de la cruz en el Gólgota.

Mi ironía me hace sonreír,
y con benévolo escepticismo
capcioso me digo: en la vida eterna,
¿en qué se *mata* el rato?

¡Misterio! ¡Misterio!

El mirlo levanta el vuelo, insinuándome
que va siendo hora de recogerse.

XVII

Anochece.

Anochece. Tarde gris y lluviosa
de un otoño avanzado.

Atendiendo al hábito, me refugio
en el viejo café, muy concurrido
por jóvenes y amigos parroquianos.

Pasado un rato, llama mi atención
una señora que distrae el tiempo
leyendo un libro.
Le presto más atención y... ¡oh, sorpresa!
Turbado por lo que mis ojos ven,
la arritmia se acelera y el cerebro
justo se me bloquea.

¡Es ella!... ¡Es ella! No cabe duda.
La contemplo a distancia al tiempo
que, recuperado el aliento, enlazo
estos recuerdos líricos:

Me enfrento al espejo y quedo
desolado al no reconocerme.
¡Ay, qué cruel es el pasar de los años!
Se gana en sabiduría —se dice—,
pero de la alegría ¿qué me dices?
Por fortuna, en ella
dejaron menos huella.

¿Fue aquí, en El Comercial, la cita última?
Quizá

Las palabras sobraban. Nos miramos
con los ojos turbios —y no por culpa
del ambiente cargado del antiguo
café por el humo de cigarrillos
y puros—.
Yo susurré perdón.
Ella soltó mi mano y sobre la mesa
dejó una promesa, y, levantándose,
cogió el abrigo y tomó la calle
apresurada, perdiéndose entre
el gentío calle Sagasta abajo,
y yo quedé pagando el castigo
de un error de hombría.

Sobre la mesa, agua y una tetera.
Por el color de portada del libro
lo reconozco bien:
Confesiones al atardecer
es el título.
La observo sin poder refrenar
la emoción.
Desde hace un rato se ha detenido
en una página, a la que regresa
una y otra vez después de mirar
al exterior por el ventanal húmedo
por el vaho del ambiente y la lluvia.

Iluso de mí pretendo creer
que es el poema XLI
quien prende su nostalgia.

En aquel anochecer ya lucían
las calles ataviadas de alumbrado
navideño. Y un organillero
con castiza maestría giraba
el manubrio con sensibilidad
y gracia interpretando villancicos.

En cierto momento, nuestras miradas
se encontraron sin saber qué hacer.
Por caballerosidad a su mesa
me acerqué. Lo que sigue...

Lo que sigue, amigo mío,
quede
para otra tarde de frío.
Fabulaciones... o no
del último soñador.

XIX

De tierras lejanas...

De tierras lejanas vengo
a lomos de mi corcel
al encuentro del tesoro
que por la guerra dejé.

Corre,

      caballito,

        corre,

que pronto nos van a ver
dos ojos...

   ¡Madre, ¡qué ojos!

dulces

      como dos dedales

de miel.

Corre.

    Galopa.

        Vuela.

Lástima de ti, guerrero.
La espera se hizo larga
y otro llegó primero.

La espada
no hirió tu corazón.
Será
la promesa incumplida
culpable
de que pierdas la razón.

XX

Oh, hados...

Oh, hados,
criaturas etéreas del Olimpo,
apiadaos de mí.

Decidme
cómo dejar de querer
para nunca más sufrir.

XXVI

Tu sinceridad agradezco...

Tu sinceridad agradezco
y apruebo.
Tú eres
torbellino de alegría;
y yo
la sonrisa enmudecida.
Tú eres
de la primavera la flor;
y yo
del invierno la agonía.
Mas si un día
por desamor
tu corazón atribulado
te reclama explicación,
recuérdale que hubo un tiempo
que en él
no cabía tanto amor.

XXVII

Amor

Amor: tengo la tentación
de violar tu intimidad,
que es también la mía
al ser yo su autor.

Dudo. En las manos sostengo
trémulo mi ayer,
todo él verdad,
que siento hoy no reconocer.

Vamos, ¡adelante!, me digo,
atrévete con el pasado,
lo que hoy te falta está ahí.
Desata el lazo azul, ¡ya!,
y deja en libertad decenas
de postales de tinta rosa
que enjauladas llevan décadas
tal palomas en cautiverio.
¡No! Me aconseja la prudencia.
No sufras más.

Puede que la caligrafía
tampoco ya la reconozcas.
Está en lo cierto.
No es necesario.
Sólo necesito cerrar
los ojos y verme escribiendo
en el comedor del Hotel
Asturias, viendo a las gaviotas
mecerse sobre San Lorenzo
al ritmo del folclore astur.
¡Qué eclosión de vida
nacía de las olas bravas
que me transportaban a ti!

Señor de los Altares: ¿cuando
me recibas me juzgarás
por la alegría de ayer
o por la tristeza de hoy?

Con nostalgia y un beso eterno
a su escondite retorno
el amor imperecedero.
Idos ya los protagonistas,
serán otras manos queridas

con mucha curiosidad
las que la felicidad
desaten.

XXIX

¡Espera!

¡Espera! ¡Espera!
Eres impaciente
cual el que escribe.
Tómate pausa.
¿No te das cuenta
de que ella aún
me necesita?
Dime de veras:
¿No te aterra
llamarte Muerte?
¿No te aflige ir
de duelo en duelo?
Llora tu pena.
Pues ¿no ves que
tras de ti viene
la Luz eterna?

XXXI

Mojando la almohada...

Mojando la almohada
en noches sin aurora,
la mano se desliza
miedosa por la fibra
para no despertar
al sueño,
y por todo encuentro
el vacío
y la sábana fría
del lecho
único
que arropó mi vida.

XXXII

Los dos hombres se cruzaron...

Los dos hombres se cruzaron
en el vértice del camino
quedándose contemplando al ruiseñor
meciéndose sobre una rama.

El ruiseñor preguntó al de más edad:
—Tú, ¿qué buscas?
—La felicidad.
—¿Y tú?
—La libertad —respondió el más joven.
—Seguidme —les dijo el ruiseñor
levantando el vuelo.

XXXIII

Oh, Señor...

Oh, Señor, cómo quieres
que a la muerte yo entienda
si no alcanzo entender
la función de la vida.

XXXVI

No lamentes no poder...

No lamentes no poder
recuperar el pasado.
De ser posible, es probable
quedaras decepcionado.
Decepcionado de ti.

XLI

Presumida y altanera...

Presumida y altanera
te exhibes por ser tus pétalos
de la flora
los más jugosos sensuales.

Mas pasadas unas lunas
nada más
los piropos del mirlo
de oír dejarás,
y el rocío de tus labios
hasta ayer apetecibles
por el lucero del alba
serán lágrimas ácidas
al vacío derramadas,
en recuerdo
de aquellos ayeres rosa
del baile la más hermosa.

XLIV

En su peregrinar....

En su peregrinar
por la vieja Castilla
o Castilla la Vieja
que en su juventud
estudiaba en la escuela,
el viajante de asfalto
vuelve con las alforjas
llenas de desolación
y vacías de sueños.

Aldeas de sudor
y humilde sustento
sopladas por el fuelle
del progreso invertido.

Tierras en barbecho.
Trillos en el zaguán.
Pradillos sin segar.
Nadie que enterrar.

Fenece la savia de la nación.
Dejó de oírse el golpeo de azadón;
y en el día mayor del Patrón
no queda quien sonar haga el trombón.

Ausente de vida, busco los muertos.
Encamino los pasos a la espalda
de la descuidada iglesia de estilo
románico tardío.

Al notar mi presencia, un gato gris,
como la tarde de abril, salta raudo
la musgosa tapia del cementerio,
ocultándose entre la maleza.
A través de la endeble puerta de hierro
contemplo la memoria olvidada
que no recogen los libros de historia.

Pobladas de cardos y yerbas fúnebres
mi vista miope alcanza ver lápidas
rotas y sucias de los años treinta
del siglo cainita de odio y rencor,
y sepulturas de tierra que hablan
de la sencillez de sus inquilinos.

Buena tierra abonada
para paleontólogos futuros.

No busques la Verdad.
Está enterrada aquí.

Qué solos se quedan los muertos,
reza el célebre verso becqueriano.

Para solos los muertos olvidados
en un camposanto abandonado.

En un rincón yace las herramientas
imprescindibles en los camposantos:
un pico, una pala y una espuerta.
Una rata olisquea aquí y allá.

LIII

Mi cuerpo yacía
sobre gavillas...

Mi cuerpo yacía sobre gavillas
de sarmientos negros.
Los dos, solos, en medio de la estepa
y un réquiem sin orquesta.

Un golpe de viento atizó la llama
y pronto lo que no es más que materia
empezó a fundirse.

Impasible. Sentado sobre un tronco,
contemplaba las pavesas caer
a mi lado cual pajarillos muertos.
(¿Eran mis pajarillos
cansados de volar?)

Como una bailarina de colores,
la hoguera se movía con pasión
esparciendo al espacio infinito
los sueños incumplidos.

Me desperté llorando
y el corazón vacío.

"CONFESIONES AL ATARDECER"

I

Los que creen saber dicen...

Los que creen saber dicen
que de otro mundo llegó
un invisible bichito
que a la Tierra preñó.

Ni los más sabihondos saben
en qué tiempo se gestó.
Parió, dicen, sin dolor
otro bichito mayor.

Tuvo que ser un bichito
mariquita y juguetón
para mutar sin control
gusanitos, peces, aves
y simios hermafroditas
para nacer tú y yo.

Y después de tú y yo
¿cuál será la evolución?
¿Con el Hombre terminó?

En mi entender cortito
el diminuto bichito
que a la Tierra preñó
si vino de otro mundo
¿quién allí lo creó?

¡Mira que si ese bichito
fuera el dedo de Dios!

III

Hiérveme la sangre...

Hiérveme la sangre
en cadena por romper,
y que tengo que romper
si respirar seguir quiero.

Uno a uno los eslabones
que encarcelan mis ideas
pronto romperé
y las echaré a volar
tal cometa infantil.

Amanecerá ese día
engalanado de fiesta
mayor,
y los pájaros sus nidos
bailando abandonarán
al son de trompetas mágicas.

Ante caso nunca visto
la gente preguntará
si es cosa del más Allá.

X

Releyendo un *libro de viejo...*

Releyendo un *libro de viejo,*
hace décadas reposando
en el anaquel del autor,
hallo en sus páginas
anotaciones del lector
que un día de hace muchos años
tuvo entre sus manos.
¿Quién sería ése lector o lectora?
La misma pregunta que un día
- ¡sabe Dios de qué año! -
alguien se hará también al hojear
alguno de los libros huérfanos
de la mirada lacrimosa
que hoy los contempla.

XV

Padre...

Padre, ¿por qué guarda tantos silencios?
Hija, no se habla sólo por la boca.

Padre, ¿por qué presta tanta atención
al fogón?
Hija, para ver al tronco robusto
consumirse lentamente.

Padre, nunca le he visto llorar.
Hija, ese es mi pecado original.

Padre, usted amaba mucho a madre...
Hija, cuánto es mucho sólo Él lo sabe.

XIX

Hijos de dioses ausentes...

Hijos de dioses ausentes.
Criaturas de la ira y del trueno.
Mejor no haber nacido.
O ciegos y sordos.
Así no ver ni oír
la crueldad del Infierno.
(El infierno de El Bosco es Arte)

Angelitos sin alas.
Atrezo del maligno terrenal
para sus juegos de batalla...
¡perded esperanza de volar!

¡Bienaventurados los que murieron sin nacer
porque no conocieron el Mal!

Mi alma dubitativa se pregunta
en nombre de los desahuciados
del sentido de esta vida:

¿Tanta Creación para esto?
¿Tanto castigo por morder una manzana?
¿No se había quedado en perdonar
setenta veces siete?
La prueba no resultó.
¡Diluvio! ¡Diluvio!

XXIX

Cuando yo me muera...

Cuando yo me muera
nadie ha de llorar.
Ojos que hoy lloran
mañana reirán.

Cuando yo me muera,
silencio, silencio,
homenaje al muerto
en su soledad.

Cuando yo me muera
el cortejo fúnebre
dirá atribulado:
"No somos nadie",
y al bollo se irá.

Cuando yo me muera
sólo una mujer
decir podrá que
por ella
me vio llorar.

XXXI

Me desvelé a media noche...

Me desvelé a media noche
más triste que otras noches.
Había tenido un sueño
que de tal nada tenía,
pues todo se sucedía
sin alterar la historia
que expongo sin ironía
y sin pizca de nostalgia.

Eran tiempos de penuria.
Sí, es retórica. Todos los tiempos lo son
para quien la sufre.
Así es y será.
Pero aquellos eran tiempos de diáspora
rural.
Como milicianos en desbandada
abandonaban el terruño y la miseria
rumbo a la Capital, que ninguno conocía.
¡La Capital! ¡La Capital! ¡Qué ilusos!

La épica de la subsistencia empezaba
con la llegada de la camioneta vejestoria
que los transportaba, repleta
de modestos utensilios y enseres,
incluidos los orinales.

¡Llegamos! Decía ufano el *hombre de la casa*,
y la mujer, sin saber qué decir, trataba
de ocultar las lágrimas recordando la casa
que en el pueblo dejó pocas horas antes.
Los niños, aún en el cajón de la camioneta,
preguntaban a la madre cuánto falta para la
Capital.

Allí no había poesía sino un suburbio
de chabolas desprovistas de agua y luz,
con aguas malolientes retenidas en las zanjas
que cruzaban las calles, por así llamarlas.

El sofocante verano cedía el paso
a los inviernos de barro, frío y goteras,
y a las muchas horas de oscuridad a la luz
de la llama de un utensilio llamado *carburo*.

El insomnio me transporta al recuerdo
de una infancia que no tuvieron los niños
de las camionetas que a diario llegaban
a la *tierra prometida*.

"Madre – decía alguna criatura – dame
un cacho de pan aunque sea duro".

Poco nutridos y sacando fuerzas de flaqueza
los recuerdo acarreando agua en cubos de
zinc
de una fuente lejana, y aún en edad escolar
iniciarse en ganarse el pan.

...Y año tras año los Magos de Oriente
de Belén no pasaron.

XXXII

Una ventana...

Una ventana, una, de un hospital
separa la vida de la muerte.
Cae la tarde de un día espléndido
de verano.
El sol se esconde tímidamente
tras las montañas de Guadarrama
formando un abanico naranja.
En el bulevar, una pareja
joven pasa el rato sentada
a la sombra de una terraza.
Felices contemplan a la niña
que en sus primeros pasos persigue
a los gorriones que revolotean
a su lado.
Es la Vida.

Vuelvo la cabeza al interior
de la habitación.
Es la Muerte.
La muerte que espera su momento

ya escrito.
Y él lo sabe.
Y el miedo que no mostró en vida
de las cuerdas rotas lo expulsa
con timbre desgarrador.

(Pensé entonces horrorizado
que el miedo a la muerte hay que vencerlo
antes de que ésta llame a tu puerta.
Y hoy pienso, vete a saber mañana,
que en estado de paz del alma,
asumiendo lo inevitable,
nada de extraño tendría
escribir tu propia elegía).

La química venció al miedo.
La noche echó ya su capote,
y en la terraza del bulevar
prosigue la fiesta de la vida.
Arriba, en la habitación, la espera.

Corta se hizo la espera anunciada.
El alba aún no despuntaba.
Dio la alarma un hilo de sangre

que mojó la almohada.
El frágil hilo que amarra la vida
se quebró.

El médico de guardia levantó acta.

XXXV

Cuenta la leyenda urbana...

Cuenta la leyenda urbana
de una población castellana
que en un rincón abandonado
del viejo camposanto
hay una sepultura olvidada
con su cruz de hierro oxidada.

Acompañada de maleza
vive espléndida una violeta
las cuatro estaciones del año.

Las viejas del lugar confiesan
que así de fresca se conserva
por las lágrimas derramadas
durante muchos años
por una mujer enlutada,
vista por última vez
un día de Pentecostés.

XLI

¿Te acuerdas?

¿Te acuerdas? Nos dijimos adiós
con un beso -¿uno?- a medio besar.
Tú, no queriendo llorar, llorabas;
y yo, queriéndolo, no podía.

¿Te acuerdas? Éramos tan jóvenes
como el verde trigal.
Con timidez nos acariciábamos
y con ingenuidad de los años
palabras tan tiernas nos decíamos
que ahora mencionar
parece impropio de nuestra edad.
Empero, recordar es vivir.

Éramos jóvenes de otros tiempos
de libertad ayunos.
Fue así como un mal día
otros por nosotros decidieron.
Tú marchaste a estudiar muy lejos
y yo quedé tejiendo poemas

llorando lo que no pudo ser.
Ya no tan jóvenes tus postales
dejaron de llegar, y las mías
devueltas: *"Se ausentó"*.

No. Por favor. Callemos. Dejemos
las cuitas dormir. No se despierten.
Eso que llaman tercera edad
nos encontró de la soledad
huyendo...
¡No más, si no lo hicimos a tiempo!

XLIII

Nos miramos ruborizados...

Nos miramos ruborizados
por el rabillo de los ojos.
No pude resistir la cita
del pretérito y mis ojos,
andados unos cuantos pasos,
sellaron los suyos de luna
rezagados también al tiempo
y a los deseos de la niña
que no comprendía. ¿Era su hija?

Y aún mi corazón dolorido
acusó:
El hijo que iba a ser de los dos
confiesa ¿por qué a escondidas
incumpliste la Ley de Dios?

Y ella sorprendida
al verme vestido de negro

y alzacuellos
sin duda se preguntaría
si fue la causante
de tal decisión.

LVIII

El último beso...

¿Será el de esta noche
el último beso
que mis labios dieran?

Asido a su mano
y a la ansiedad
una noche y otra más
esfuerzos hago por no dormirme
temeroso de no despertar,
no por miedo natural
al viaje final
sino por no despedirme de ella
con la pasión del beso
del primer beso.

LXIII

Cuando estás a mi lado ...

Cuando estás a mi lado arquitecto
genial del mundo capaz me siento.
Y en tu ausencia larga capitán
de soldados vencidos me creo.

Índice

Últimos poemas...y otros

...Y otros "papiros del alma"

"Confesiones al atardecer"